AF263193

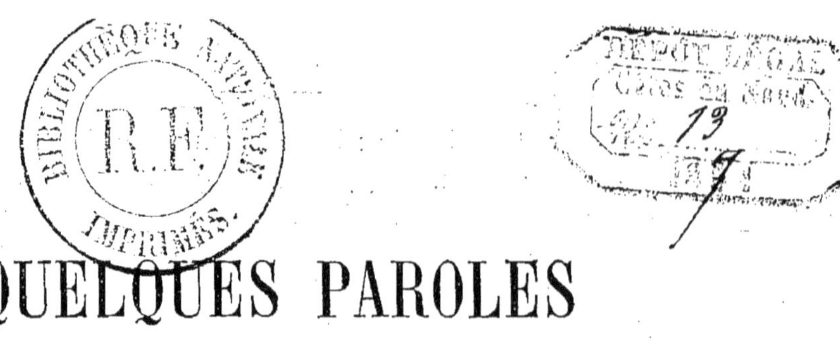

QUELQUES PAROLES

D'HOMMAGE

A LA MÉMOIRE DE NOS MORTS

Sit memoria illorum in benedictione.
Que leur mémoire soit en bénédiction.

Oui, elle a droit d'être bénie la mémoire de ceux qui ont succombé pour la défense de la patrie ! Ce qu'ils ont fait est beau et grand ; le motif qui les inspirait est un des sentiments les plus élevés de la nature humaine. La patrie les appelait : ils se sont levés à sa voix ; ils lui ont sacrifié ce que le cœur a de plus cher, leur famille, leur foyer, leur repos, leurs intérêts. L'heure de combattre était sonnée, et ils ont marché au danger, le front levé, sans regarder en arrière, en invoquant Dieu qui est toujours avec ceux qui

1871

se dévouent au devoir : les uns sont tombés sur le champ de bataille ; les autres sont morts sur un pauvre lit d'ambulance ou d'hôpital, loin de tout ce qu'ils aimaient. Le cœur les pleure ; la raison les approuve ; le pays les glorifie, et l'Eglise, couronnant leur cercueil, répand sur leur mémoire ses prières et ses plus chères bénédictions : *Sit memoria illorum in benedictione !*

Quelques-uns ont dit que l'oubli est une des grandes infirmités de la nature humaine ; d'autres y ont vu l'un des bienfaits les plus signalés de la Providence, qui permet au temps d'essuyer nos larmes et de cicatriser les plus cruelles blessures. Ces deux pensées sont vraies.

Un jour viendra, — un jour moins éloigné que nos ennemis du dehors et du dedans ne le supposent, — où la France relèvera son front et reprendra de vive force sa place dans le monde ; — car elle est puissante, elle est irrésistible, la vitalité de notre grand pays ! — des victoires auront effacé les humiliations de la défaite. Mais un souvenir survivra dans l'histoire et dans la reconnaissance nationales, celui de ces victimes du devoir patriotique, qui, à l'une des heures les plus sombres de nos annales, ont du moins sauvé l'honneur français, en sachant mourir. Quelles que soient les réparations de l'avenir, de quelque merveilleuse végétation que soient plus tard recouvertes nos ruines présentes, ils ont droit, ceux-là, à la fidélité du souvenir des hommes ; Dieu lui-même aura accepté leur sacrifice, comme une hostie d'expiation ; *Deus tentavit eos, et quasi holocausti hostiam accepit illos ;* et quiconque s'arrêtera devant leur tombe murmurera, ému et recueilli, la parole qui les loue : *Sit memoria illorum in benedictione,* que leur mémoire soit en bénédiction !

Nous vous rappellerons leur dévouement, en limitant notre récit à nos diocésains, et de leur exemple nous tirerons la loi du salut et de la vie pour nous et pour la société. Qu'ont-ils fait et que devons-nous faire ? Oui, si nous devons être sauvés, c'est en faisant ce qu'ils ont fait !

Tel sera le sujet de cet éloge funèbre, pour lequel nous solliciterions votre indulgence, s'il avait la moindre prétention oratoire. Le temps même nous eût manqué absolument pour vous donner autre chose que quelques sentiments de notre cœur, et quelques pensées propres à honorer la mémoire de nos morts.

La véritable oraison funèbre, c'est vous tous, messieurs, qui la faites, par votre présence, par ce concours, plus éloquent que les paroles, auquel notre église suffit à peine ; manifestation qui est tout à la fois l'honneur des vivants et de nos glorieux défunts.

I.

La crise douloureuse que nous venons de traverser serait la plus éclatante leçon de morale, si l'expérience des pères n'était pas le plus souvent perdue pour la réflexion des enfants.

Une guerre, que chacun depuis quatre ans regardait comme imminente, qui était la principale préoccupation de la France et de la Prusse, éclate tout-à-coup entre ces deux puissances rivales. Quiconque eût jugé les choses par la surface eût bien auguré de nos succès. Au dire des ministres, rien ne manquait à l'organisation de notre armée. Elle avait à sa tête des généraux déjà illustrés sur les champs de bataille d'Algérie, de Crimée, d'Italie, du Mexique. La situation intérieure venait de se pacifier par un plébiscite qui avait donné une majorité immense au chef du Gouvernement. Le vieil esprit militaire, qui ne fait que sommeiller chez nous, se ranimait et frémissait de toutes parts. Quelques voix rares s'étaient élevées, il est vrai, pour exprimer des craintes ; elles avaient trouvé peu d'écho. Deux cent cinquante mille hommes, formant notre première armée, s'avançaient, avec une confiance voisine de la présomption, vers la frontière du Rhin, derrière laquelle se tenait immobile et silencieux un ennemi que nous avions déjà plus d'une fois vaincu.

Comment eût été accueilli celui qui eût dit à nos soldats : Arrêtez-vous ; vous marchez au plus effrayant désastre que nos annales aient enregistré !

Il eût dit vrai pourtant. Dès les premières rencontres, l'élan de nos soldats se brisa contre des masses profondes qu'un mur de fer et de feu protégeait ; chaque jour apporta une nouvelle douleur et une nouvelle humiliation à la Patrie. Nous étions descendus dans l'arène, la poitrine nue, en face d'un adversaire revêtu d'une cuirasse de bronze ; là où nous placions un soldat, nos ennemis en opposaient quatre. Vous savez le reste... Un jour toutes nos forces réunies tentèrent un effort suprême à Sédan ; la déroute fut effrayante ; le lendemain, la France apprenait qu'elle n'avait plus d'armée ; l'Empereur était prisonnier, nos généraux décimés, la confiance à jamais perdue, et une révolution, brisant le trône impérial, proclamait la République. Tout croulait donc à la fois, les institutions, les gouvernements, les hommes, les espérances.

La France pourtant ne désespéra pas. Privée de direction, elle s'agitait d'elle-même pour opposer une digue au torrent des barbares qui menaçaient de tout envahir. Trois centres de résistance se créaient à la fois, Paris, Metz, l'armée de la Loire.

C'est ici que commence le rôle de notre Bretagne, sur lequel je dois m'arrêter un peu.

Je ne louerai pas notre pays, en disant qu'il produit une race militaire que d'autres races peuvent égaler, qu'aucune autre ne surpasse. C'est là un fait que le passé tout entier atteste. Ce qui la caractérise, ce n'est pas, si l'on veut, l'audace brillante, aimant à se précipiter au-devant des dangers ; c'est la solidité qui ne recule pas ; c'est la patience poussée jusqu'à l'héroïsme ; c'est une sorte de mépris calme de la souffrance et de la mort qu'on retrouve chez tous nos Bretons, depuis la chaumière jusqu'au château; et, si je voulais résumer avec deux mots sa physionomie spéciale, je dirais : c'est la race qui sait le mieux souffrir et mourir.

Quoi qu'il en soit, au premier appel nos mobiles se levèrent. Alors que d'autres provinces, d'un patriotisme plus facile aux paroles, hésitaient et calculaient, la fleur de notre jeunesse s'était déjà rangée sous le drapeau menacé. Les bataillons de nos cinq arrondissements furent prêts des premiers, et, appelés par le général Trochu, qui savait par lui-même ce que vaut le pays de Duguesclin, conduits par des officiers dignes d'eux, qui étaient en même temps des pères et des amis, ils partirent et allèrent s'enfermer dans la capitale. Pauvres jeunes gens, ils quittaient, l'âme déchirée, sans savoir s'ils le reverraient, le foyer si profondément et si exclusivement cher aux cœurs bretons ! Nous nous rappelons cette soirée du départ où les pères, les mères, les sœurs étaient accourus dire adieu à leurs fils et à leurs frères. Les larmes étaient abondantes ; mais pas une voix ne s'élevait pour ébranler leur résolution. L'image de la Patrie malheureuse dominait cette scène pleine de grandeur et d'émotion.

Dieu a veillé sur nos mobiles ! L'ange de la Bretagne a étendu ses ailes sur eux, et les a presque tous ramenés à leurs familles. Ils ont traversé beaucoup de fatigues, de dures privations, des dangers sérieux; ils sont restés debout, maintenant les traditions d'obéissance à la discipline, consolant leurs aumôniers par la fidélité à remplir leurs devoirs religieux.

Parmi ceux qui ne reviendront pas, hélas ! après le nom de M. de Kdanet, auquel nous avons déjà payé dans cette chaire le tribut de notre admiration, nous rappellerons ceux d'Armand Lohan et de Julien Saint-Jouan, tués tous deux au combat de Montretout, jeunes gens accomplis, braves, intelligents, pieux, ayant devant eux un bel avenir que Dieu a changé en un meilleur. Près d'eux tombait le capitaine Pérennès, qui répondait aux Prussiens lui offrant la vie : *Un officier français ne se rend pas,* et Viet-Villeneuve, digne aussi de tous les regrets. Pourquoi suis-je obligé de me borner ?

Mais pendant que nos *mobiles* avaient leur part dans l'héroïque défense de la capitale, nos *mobilisés*, au nombre de près de 20,000 pour notre seul département, payaient à leur tour un large tribut à la défense nationale.

Une idée qui eût pu être féconde était née dans l'esprit d'un homme à la vive intelligence, à l'ardente activité : celle de réunir toutes les forces de la Bretagne dans un camp retranché, de les discipliner, de les armer, et de là, opérant de concert avec l'armée de la Loire, de les conduire, à travers les corps prussiens rejetés à droite et à gauche, jusque sous les murs de Paris. Cette idée, je ne crains pas de la louer ; c'était une idée hardie et plus praticable qu'on ne la jugerait du dehors, — et si l'exécution avait répondu à la conception, si nos soldats avaient été activement exercés pendant deux ou trois mois, si un chef, maître de leur confiance, s'était mis à leur tête, les destinées du pays eussent pu être notablement modifiées ; la Bretagne eût pu arriver à son heure sur le champ de bataille, et jetant sa lourde épée dans la balance, où nos ennemis s'apprêtaient déjà à peser notre honneur et nos milliards, elle eût pu décider, aux portes de Paris, la victoire qui avait échappé à ses ancêtres vingt-deux siècles auparavant, au milieu des ruines de Rome.

Mais la Providence voulait que la Patrie aux abois ne trouvât ni une chance heureuse, ni un homme de génie pour mettre en œuvre ses ressources suprêmes.

Ne parlons du camp de Conlie que pour rappeler le dévouement intelligent et courageux qui dirigeait ses ambulances, le zèle infatigable de nos médecins, les soins de nos séminaristes infirmiers, les consolations de la foi tombées des lèvres de nos aumôniers, dont le principal fut martyr de son devoir. (Vous avez tous nommé le saint prêtre, l'ami des pauvres, qui est maintenant au ciel, après une vie toute consacrée à faire du bien, M. le chanoine Kermoalquin, notre vicaire général.)

Le camp de Conlie aboutit donc à un seul résultat : à montrer ce que l'âme de la Bretagne renferme de patience et de fermeté silencieuse dans son patriotisme.

C'est au milieu de ces tentatives stériles que se répandit la nouvelle de la capitulation de Metz, défendue par une armée de cent mille hommes. Je n'exprime pas, j'étouffe plutôt sur mes lèvres tout jugement sur ce fait, un des plus désastreux de ces jours si riches en malheurs et en humiliations. Si je prononce ce nom, c'est que Metz réveille pour nous le souvenir de plusieurs pertes regrettables. C'est là qu'est mort le brave capitaine Paturel, à la tête de sa compagnie ; là qu'a succombé le lieutenant d'artillerie Ange Le Pomellec, jeune officier sérieux et bon, appelé par ses qualités à jeter un nouveau reflet d'honneur sur un des noms les plus honorables du pays ; là, le colonel Le Minihy, officier supérieur qui eût pu aspirer aux plus hauts grades et les honorer.

Restait donc l'armée de la Loire, sur laquelle se concentraient nos dernières espérances, et qui avait paru les justifier dans une série d'engagements où elle avait du moins disputé la victoire et forcé l'estime de nos ennemis. L'heure décisive sonna pour elle à son tour ; je veux parler des deux jours de la bataille du Mans, deux jours de malheur inouï, où nos divers corps, que rien ne reliait, furent successivement écrasés par des forces supérieures, sans qu'une pensée dirigeante ait plané un instant sur ce vaste champ de bataille de 8 à 10 lieues. La maladie retenait dans la ville le général en chef de cette armée qui eût pu, bien conduite, résister avec avantage et changer la face des choses. La bataille du Mans est une des pages lamentables de cette guerre où les choses nous ont trahi bien plus que les hommes. A côté de scènes héroïques, elle a offert d'autres scènes qui devraient être à jamais effacées de nos annales.

C'est là pourtant que les nôtres en ont écrit une, avec leur sang, qui doit être conservée à l'admiration du pays ; je veux parler de la brillante attaque du plateau d'Auvours, à Yvré-l'Evêque. Ce plateau, qui offrait une position décisive, avait été tristement abandonné par nos régiments de marche et occupé par les Prussiens. Il fallait à tout prix le reprendre pour donner aux débris de notre armée le moyen de faire retraite. C'est alors qu'un des généraux, témoin impuissant et indigné de la fuite de nos soldats, regarde autour de lui, et voit à ses côtés une poignée de nos héroïques zouaves avec deux compagnies des mobiles de Saint-Brieuc. *En avant les zouaves et les mobiles !* dit-il à cette petite troupe de héros. Les nôtres n'hésitent pas ; ils gravissent le plateau à travers la neige amoncelée, au milieu des décharges des mitrailleuses qui ne peuvent les arrêter. Arrivés au sommet, ils se précipitent sur l'ennemi comme des lions et reprennent pour deux heures cette position d'où dépend le salut d'une partie de notre armée. J'aime à rappeler que la plupart de nos séminaristes enrôlés dans les volontaires de l'Ouest ont pris part à cette affaire, où trois ont été blessés, l'un d'entre eux mortellement.

Le plateau d'Auvours fut le théâtre sanglant de nos pertes les plus graves. Là succombe le capitaine Grouazel, un homme de cœur qui ne savait pas reculer en face d'un devoir. Peu de jours auparavant, nous l'avions vu dans son court passage à Saint-Brieuc, et nous avions mieux apprécié encore ce caractère simple et droit, celui du vrai soldat chrétien, capable de tous les dévouements, et s'ignorant lui-même.

Là encore, conduisant sa compagnie et la précédant de quelques pas, est frappé le capitaine Augustin Du Clésieux. Ah ! ce n'est pas sans émotion que je prononce ce nom, héréditairement cher à notre ville. Longtemps on espéra la guérison de sa blessure ; car il avait conquis l'affection et l'estime de tous par ses qualités solides de cœur. Il était populaire dans le sens élevé et chrétien de ce mot, populaire par sa bonté et sa simplicité, par sa vie déjà grave et utile aux autres. Qui avait autour de soi des affections plus tendres que lui? Sa vie contenait plusieurs vies qui s'étaient identifiées avec la sienne. Sur sa tête reposaient tant de légitimes espérances ! Hélas ! la mort a tout brisé ; il n'y a plus autour de son souvenir qu'un deuil et des regrets, sans consolation sur la terre. Dieu seul a des remèdes pour ces blessures qui ne se ferment jamais au cœur d'un père et d'une mère. Mais, à côté de ce brillant avenir que le monde lui promettait, Dieu lui en préparait un autre plus digne d'envie : car il est mort avec les sentiments des vrais chrétiens, en acceptant son sacrifice, et en bénissant l'heure de sa délivrance. Sans doute, à la lueur de l'Eternité, il avait compris la vérité de cette parole d'un sage : *Ils sont aimés de Dieu ceux qui meurent dans la jeunesse !* En effet, leur âme ne s'est ni flétrie ni lassée aux douleurs et aux amers mensonges de la vie ; ils sont couronnés après leur premier combat !

Qui nommerai-je encore ? C'est là qu'un de nos chers séminaristes, Le Bricon, reçut la blessure dont il mourut quelques jours plus tard. Il n'avait plus celui-là ni père, ni mère, ni parents rapprochés. Seul au monde, il est allé retrouver sa famille dans le sein de Dieu.

C'est là encore que nous avons perdu le lieutenant Corguillé, d'Yffiniac, emporté par la mitraille qui ne le fit pas reculer.

Est-ce que je puis oublier un des noms les plus historiques de notre Bretagne, Charles de la Noüe, fils unique, lui aussi ; doué, lui aussi, des qualités les plus sympathiques ? On l'emporta mourant du champ de bataille. Lorsque le prêtre s'approcha de lui pour le confesser : *Donnez-moi plutôt la sainte Communion,* dit-il : *ma conscience ne me reproche rien.* Il l'avait, en effet, purifiée la veille de la bataille. — Il y a quelques semaines seulement, nous parcourions, en compagnie de son vénérable père, type d'honneur et de loyauté chevaleresques, et de sa mère si profondément chrétienne, ce parc qu'il animait jadis de sa vive gaieté, aujourd'hui désert et silencieux, au pied duquel les vagues de la mer venaient se briser avec un gémissement qui répondait à celui des cœurs. Ah! quelles épreuves cruelles la vie réserve quelquefois à ceux qu'elle traitait jusque-là en privilégiés, et comme la terre est bien nommée la *vallée des larmes !* Plaignons amèrement ceux qui ensevelissent ici-bas leurs affections et leurs espérances !

Pourquoi donc tous les noms de nos victimes ne sont-ils pas présents à ma mémoire, comme ils le sont dans le désir de mon cœur ?

Je prononcerai du moins ceux d'Olivier Morin, dont le brevet de lieutenant ne put être déposé que sur sa tombe ; du sergent Gombault, barbarement exécuté par les Prussiens ; du courageux lieutenant de vaisseau Meunier ; du capitaine Primault, qui avait autrefois, dans les concours de notre Université, remporté le prix Legrand, si difficile à obtenir ; de M. Duplessis de Grénédan, qui, à l'âge de soixante-quatre ans, s'était engagé comme simple volontaire et se battit à Patay avec la valeur brillante d'une âme restée jeune ;—il fut décoré sur son lit de mort ;— d'Edouard de la Moussaye, de Matignon, qui n'a pas menti au noble sang de ses aïeux, en abandonnant sa jeune famille pour voler au secours de son pays.

Il y a peu de jours, la ville de Guingamp en deuil conduisait à sa dernière demeure le lieutenant Paul de la Bégassière, ce zouave héroïque entre les plus héroïques, officier de ce corps qu'il suffit de nommer pour rappeler une de nos plus pures gloires, qui, après avoir versé son sang pour la défense du Chef de l'Eglise, vola ensuite au secours de la Patrie expirante qu'il eût sauvée, si tous avaient suivi ses exemples. Il mourut comme un saint, après avoir vécu comme un chevalier des siècles de foi.

Qui pourrait rappeler sans tristesse le jeune Jules de Closmadeuc, de si belle espérance, qui tomba sur les champs de bataille de Metz, tandis que son cousin Achille mourait dans notre armée du Midi ? Hélas ! si le premier était revenu dans ses foyers, il les eût trouvés déserts ; le chagrin autant que la maladie avaient emporté sa mère si aimante, son père que la ville de Lamballe pleurera longtemps ; comme si Dieu avait voulu rappeler à la fois dans son sein tous les membres de cette noble famille !

Mais vous m'accuseriez d'un oubli regrettable, si je n'avais un souvenir pour ces trois frères, morts sur trois champs de bataille différents, et unis par le même amour ardent de la France et la plus tendre affection mutuelle, trois jeunes hommes que toute notre ville connaissait et aimait, dont chacun admirait l'égalité de caractère, la bonté affable, la vie chrétienne, et à qui leur riche nature promettait de si longues années. La ville de Saint-Brieuc s'honorera longtemps d'avoir donné le jour aux trois frères Merlin, Louis, François et Charles ; on les citera longtemps comme des modèles du patriotisme breton ; ils étaient l'éloge vivant de cet esprit de famille tout composé de foi, d'honneur, de courage, de bonté, qui distingue les familles natives de notre ville de Saint-Brieuc. Puisse cet esprit s'y perpétuer au milieu de tant de douloureuses transformations !

Voilà quelque chose de ce qu'ont fait les nôtres ! Ah ! je sais combien j'ai effleuré ce récit ; combien de noms j'ai omis ; mais si ma pensée les ignore, mon cœur les salue avec respect. Aucun nom n'est obscur à nos yeux de ceux qui composent notre famille spirituelle, et s'ils ont échappé à notre regard, Dieu, le souverain rémunérateur, qui ouvre ses bras à tous ses enfants, qui a la préférence des humbles et des petits, Dieu les connaît et les a déjà récompensés !

II.

Le temps et votre attention, toute bienveillante qu'elle
est, ne me permettraient pas de prolonger ce discours
au-delà des limites d'une simple allocution, et cependant
je dois indiquer la vérité pratique qui contient le salut des
âmes en ces temps bouleversés, et qui se déduit si facile-
ment des faits présents, aussi bien que de l'exemple de nos
morts bien-aimés.

Et nous aussi, nous sommes tous, nous devons être les
soldats de la France, l'aimant et cherchant à panser ses
blessures saignantes ! Et nous aussi, si nous voulons sauver
la société qui chancelle, l'honneur chrétien, le foyer de la
famille, l'héritage sacré des aïeux, nous ne le pouvons que
par nos dévouements personnels, à l'exemple de ceux que
nous aurions voulu plus dignement louer.

Ah ! il y a quelque chose qui explique miéux nos défaites
que la supériorité du nombre et les perfectionnements de
l'artillerie prussienne : c'est la décadence des caractères,
c'est l'amollissement des volontés, c'est le souffle de sen-
sualisme qui a flétri nos âmes, c'est l'affaiblissement de la
foi, ce principe unique de toute force morale ; car on ne se
dévoue qu'à proportion qu'on croit ; c'est qu'il y a deux
sociétés dans une, comme autrefois ces deux peuples qui
luttaient dans le sein de leur mère ; l'une qui, d'abîme en
abîme, d'erreur en erreur, retombe dans le paganisme,
c'est-à-dire dans le culte des sens et de la matière ; l'autre,
à laquelle vous appartenez tous, N. T.-C. F., (et à qui
appartient aussi l'avenir dans notre conviction), qui réagit
énergiquement contre cette tendance, et s'attache avec plus
d'amour à sa foi niée, à son culte menacé.

Ce qui a perdu notre armée, dit-on, c'est l'indiscipline ; mais l'indiscipline, appelons-la par son nom, n'est-ce pas l'énervement des volontés ; n'est-ce pas l'homme qui ne veut plus obéir, l'homme qui ne sait plus souffrir, l'homme qui renferme sa destinée dans la vie présente ? — Ah ! ne vous y trompez pas, plus la loi de sacrifice sera oubliée, plus s'abaissera la moralité, et par conséquent la vigueur, la dignité, le courage dans la société. Alors les fortes et simples vertus qui apprennent à s'immoler obscurément au devoir, à Dieu, à l'intérêt général, seront traitées de préjugés, et méprisées. Alors celui qui ne jouit pas regardera celui qui jouit avec une sombre envie et une haine farouche. La religion s'approchera de lui, de cet homme dont l'âme à nos yeux a la valeur de l'âme des rois, et lui dira : « Souffre » avec patience et résignation ! Les maux de la vie présente » achètent le bonheur de la vie à venir. Le travail à la » sueur du front et le sacrifice, c'est la destinée humaine » dont Dieu lui-même a voulu offrir l'exemple dans sa vie » mortelle. Aie horreur de la violence et du sang qui détrui- » sent tout espoir de progrès dans le monde ! »

Mais lui, qui a écouté d'autres maîtres, qui ne reconnaît plus Jésus-Christ pour le sien, il détourne son regard de la croix, ce symbole immortel du sacrifice, cette révélation divine de la loi de la vie ; il regarde ses haillons, sa poitrine amaigrie, la nudité qui l'entoure, et il répondra : « Pourquoi souffrirais-je, si je suis le plus fort ? Je suis las de priva- tions, las de mon éternel travail ; j'ai soif de bien-être. Vous m'avez enseigné, sages de notre siècle, que le but de la vie, c'est de jouir. Mon tour de jouir doit être venu. » Et, caché dans l'ombre, il attendra le moment de s'élancer sur sa vic- time pour lui arracher sa proie de plaisir et de jouissance. Voilà des passions épouvantables et dignes d'horreur, direz- vous. Vous avez raison ; jamais on n'amassera assez de flé- trissure et d'anathème sur ces appétits sanguinaires. Mais qu'on le sache bien, sans la foi, on n'a pas le droit de les condamner. Si vous admettez la morale du bien-être et du plaisir, comment blâmeriez-vous celui qui tire les consé-

quences de votre principe funeste ? Non, sans la foi en
Jésus-Christ, à sa vie de travail et de pauvreté, à sa croix
portée jusqu'au dernier soupir du calvaire, à son ciel promis
à la vertu, jamais vous ne ferez comprendre à la foule des
hommes la nécessité des privations, la beauté et le sens
supérieur de l'abnégation et de la souffrance ! Sans la foi en
Jésus-Christ, la société est placé eentre l'égoïsme inexorable
des uns et les appétits effrayants des autres... Un homme de
génie l'avait dit depuis longtemps : « Le premier barbare
venu, secouant ce fantôme de peuple de sa main brutale, le
ferait tomber à ses pieds. »

Ah ! messieurs, pensez-y bien, l'heure est décisive. La
société se débat entre le principe de vie et le principe de
mort, c'est-à-dire, entre le principe de la jouissance et le
principe du sacrifice. C'est à nous, à chacun de vous, à
aider le triomphe du bien dans les âmes ; c'est à chacun
de nous à rendre prochaine la réalisation de la parole qui
ramènerait la paix dans le monde, parce qu'elle la ramènerait dans les cœurs : *Adveniat regnum tuum*, que votre règne
arrive, ô Dieu, le règne de l'amour, de la lumière, de la
vraie liberté, de l'union fraternelle entre les enfants du
même Père !

Et maintenant, un dernier mot pour nos morts. S'ils ont
droit à nos regrets et à nos éloges, ils ont droit aussi à nos
prières, et c'est pour prier que notre ville s'est portée en
foule autour de ce cercueil. Ah ! s'il en est parmi ces âmes
chères qui n'aient pas achevé encore de payer leur dette à
la justice infinie, que nos prières s'unissant au sang du
Rédempteur leur ouvrent le séjour du repos !

O Dieu de justice, mais encore plus Dieu de pitié et de
miséricorde, recevez dans votre sein ces âmes qui ont payé
le tribut du sang à la patrie et qui ont quitté la terre avec
votre nom sur les lèvres !

Et vous, ô pères, ô mères, ô veuves, qui pleurez ces nobles cœurs, consolez-vous ! La mort ne les a séparés de vous que pour ces rapides jours que nous appelons si mal la vie. Votre regard plein de larmes les cherche en vain autour de votre foyer en deuil. — Levez-le au ciel ; c'est là qu'ils sont, là que vous les retrouverez pour l'éternité !

Saint Brieuc. — F. Hillion, imp. — 1871.

* 9 7 8 2 0 1 3 1 9 2 6 0 6 *